SOLFÈGE

OU

NOUVELLE MÉTHODE DE MUSIQUE

DIVISÉ EN DEUX PARTIES.

PAR

RODOLPHE.

La Première, contenant la Théorie de cet Art.
La Seconde, les leçons graduées pour parvenir aux difficultés, réglées pour les voix qui n'ont pas encore toute l'étendue et corrigées avec le plus grand soin,

PAR CARNAUD PÈRE

Prix 15 francs.

A PARIS,
chez S. Richault, Éditeur de Musique, Boulevart Poissonnière, 26, au 1er.

1844

SOLFÈGE DE RODOLPHE

AVERTISSEMENT.

Il sera nécessaire de faire apprendre aux élèves les cinq premiers articles des principes qui leur donneront les connoissances primitives et qu'il est indispensable de savoir avant de solfier.

Le premier de ces articles donne la connaissance de la clef; et le second celle du nombre des notes, des tons et des demi-tons qui se trouvent entr'elles. Le troisième article traite de la valeur des notes; le quatrième de celle du point, et le cinquième de la valeur des silences. Quand aux autres articles, les maîtres pour ne point surcharger la mémoire des écoliers, auront l'attention de ne les leur faire apprendre qu'ils seront assez avancés pour les bien concevoir, et ne rien confondre.

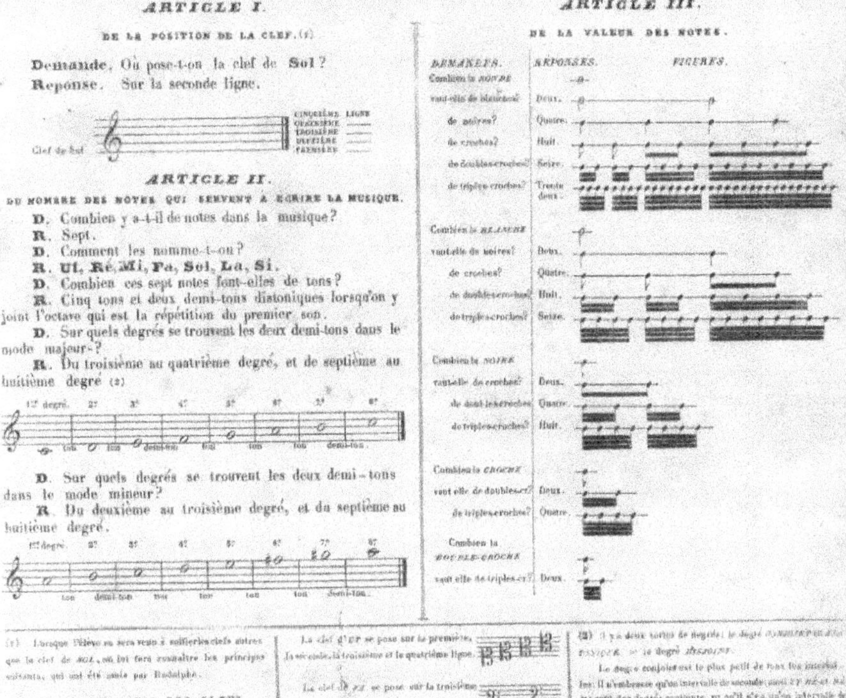

ARTICLE I.

DE LA POSITION DE LA CLEF. (1)

Demande. Où pose-t-on la clef de **Sol**?
Reponse. Sur la seconde ligne.

ARTICLE II.

DU NOMBRE DES NOTES QUI SERVENT A ÉCRIRE LA MUSIQUE.

D. Combien y a-t-il de notes dans la musique?
R. Sept.
D. Comment les nomme-t-on?
R. **Ut, Ré, Mi, Fa, Sol, La, Si.**
D. Combien ces sept notes font-elles de tons?
R. Cinq tons et deux demi-tons diatoniques lorsqu'on y joint l'octave qui est la répétition du premier son.
D. Sur quels degrés se trouvent les deux demi-tons dans le mode majeur?
R. Du troisième au quatrième degré, et de septième au huitième degré (2)

D. Sur quels degrés se trouvent les deux demi-tons dans le mode mineur?
R. Du deuxième au troisième degré, et du septième au huitième degré.

ARTICLE III.

DE LA VALEUR DES NOTES.

(1) Lorsque l'élève en sera venu à solfier les clefs autres que la clef de *SOL*, on lui fera connaître les principes suivants, qui ont été omis par Rodolphe.

DE LA CONNAISSANCE DES CLEFS

Il y a en musique trois espèces de clefs qui servent de huit manières différentes.

Deux clefs de *SOL*, quatre clefs d'*UT* et deux clefs de *FA*.

La clef de *SOL* se pose sur la première et sur la deuxième ligne.

La clef d'*UT* se pose sur la première, la seconde, la troisième et la quatrième ligne.

La clef de *FA* se pose sur la troisième et la quatrième ligne.

La note placée sur la ligne de la clef prend le nom de cette clef.

FIGURES ET POSITION DES CLEFS.

Sol Sol Ut Ut Ut Ut Fa Fa

(Celles marquées d'une astérisque sont peu usitées.)

(2) Il y a deux sortes de degrés: le degré *CONJOINT OU DIATONIQUE*, et le degré *DISJOINT*.

Le degré conjoint est le plus petit de tous les intervalles: il n'embrasse qu'un intervalle de seconde; ainsi *UT RÉ* et *RÉ MI* sont des degrés conjoints, vu qu'il n'y a qu'un intervalle de seconde d'*UT* à *RÉ* comme de *RÉ* à *MI*.

MARCHE DIATONIQUE signifie la même chose que marche par degrés conjoints.

LA GAMME, soit en montant, soit en descendant, se nomme *GAMME DIATONIQUE* ou *GAMME PAR DEGRÉS CONJOINTS*.

Le degré disjoint est celui qui embrasse un plus grand intervalle que celui de seconde; ainsi *UT MI*, *UT FA*, *UT SOL*, *UT LA*, *UT SI*, sont autant de degrés disjoints, vu que le plus petit de ces intervalles excède l'intervalle de seconde.

ARTICLE IV.

DE LA VALEUR DU POINT APRÈS LA NOTE.

D. Que fait le point après une note quelconque?
R. Il augmente la note de la moitié de sa valeur.

FIGURES

D. Combien vaut une ronde avec un point?
R. Trois blanches

D. ______ une blanche avec un point?
R. Trois noires

D. ______ une noire avec un point?
R. Trois croches

D. ______ une croche avec un point?
R. Trois doubles-croches

D. ______ une double-croche avec un point.
R. Trois triples-croches

Un second point augmente encore la note de la moitié de la valeur du premier point.

EXEMPLES.

Le point et le second point se placent aussi après les silences avec les mêmes conditions de valeurs que pour les notes.

Il y a des groupes de trois et de six notes, désignés par un 3 ou par un 6, qu'on appelle *TRIOLETS* et *SIXAINES*; les triolets prennent la valeur de deux notes et les sixaines la valeur de quatre.

EXEMPLES.

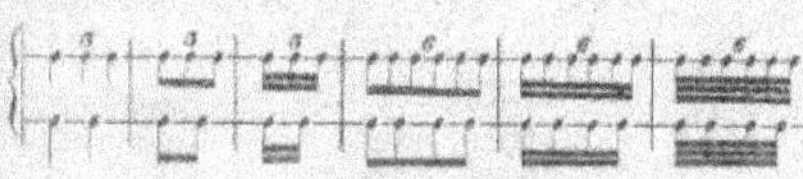

ARTICLE V.

DU NOM ET DE LA VALEUR DES SILENCES.

DEMANDES.	*RÉPONSES.*	*FIGURES.*
Comment marque-t-on le silence d'une ronde?	Par une pause. (La pause se place sous la ligne.)	
d'une blanche?	Par une demi-pause. (La demi-pause se place sur la ligne.)	
d'une noire?	Par un soupir.	
d'une croche?	Par un demi-soupir.	
d'une double-croche?	Par un quart de soupir.	
d'une triple-croche?	Par un huitième ou demi-quart de soupir.	
de deux mesures?	Par un seul signe que l'on nomme bâton de deux pauses.	
de quatre mesures?	Par un seul signe que l'on nomme bâton de quatre pauses.	

ARTICLE VI.

DES SIGNES DE MESURE.

D. Combien y a-t-il de mesures usitées?
R. Trois: la mesure à *QUATRE TEMPS*, la mesure à *DEUX TEMPS* et la mesure à *TROIS TEMPS*.
D. Comment se marque la mesure à quatre temps?
R. Par un C.
D. Comment se marque la mesure à deux temps?
R. Par le chiffre 2, ou par le chiffre 2 avec un 4 dessous, ou par un ₵ (barré).
D. Comment se marque la mesure à trois temps?
R. Par le chiffre 3, ou par le chiffre 3 avec un 4 dessous.

MESURES

La mesure se bat de trois manières différentes.

A deux temps le 1er temps est frappé et le 2e levé. | A trois temps, le 1er est frappé, le 2e marqué à droite, le 3e levé. | A quatre temps, le 1er est frappé, le 2e marqué à gauche, le 3e à droite et le 4e levé.

ARTICLE VII.

DES SIGNES DES MESURES COMPOSÉES, DÉRIVÉES DES MESURES SIMPLES.

D. Combien y a-t-il de mesures composées?
R. Trois: la mesure à *DOUZE HUIT*, la mesure à *SIX-HUIT*, et la mesure à *TROIS-HUIT*.
D. Comment se marque la mesure à douze-huit?
R. Par le chiffre 12 avec un 8 dessous.
D. Comment se marque la mesure à six-huit?
R. Par le chiffre 6 avec un 8 dessous.
D. Comment se marque la mesure à trois-huit?
R. Par le chiffre 3 avec un 8 dessous.

MESURES

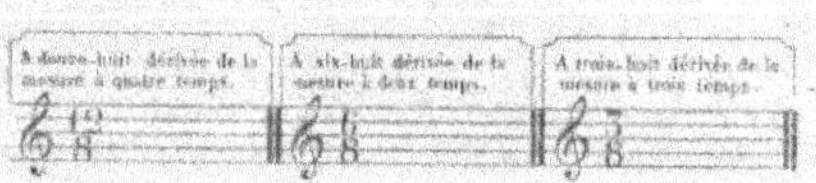

ARTICLE VIII.

DE LA POSITION DES DIÈSES.

D. Comment se posent les dièses?
R. De quinte en quinte en montant (1)

DEMANDES.	*RÉPONSES.*
Où se pose le premier dièse?	Sur le *FA*.
______ le second?	Sur l'*UT*.
______ le troisième?	Sur le *SOL*.
______ le quatrième?	Sur le *RÉ*.
______ le cinquième?	Sur le *LA*.
______ le sixième?	Sur le *MI*.
______ le septième?	Sur le *SI*.
______ le huitième?	Sur le *FA* (2)

1er dièse. 2e dièse. 3e dièse. 4e dièse. 5e dièse. 6e dièse. 7e dièse double-dièse.

(1) Une quinte est l'espace de cinq degrés.
(2) Le huitième dièse est double et se nomme double-dièse.

ARTICLE IX.

DE LA POSITION DES BÉMOLS.

D. Comment se posent les bémols?
R. De quinte en quinte en descendant.

DEMANDES.

Où se pose le premier bémol?___ Sur le *SI*.
_________ le second?_______ Sur le *MI*.
_________ le troisième?______ Sur le *LA*.
_________ le quatrième?_____ Sur le *RÉ*.
_________ le cinquième?_____ Sur le *SOL*.
_________ le sixième?_______ Sur l'*UT*.
_________ le septième?______ Sur le *FA*.
_________ le huitième?______ Sur le *SI*. (1)

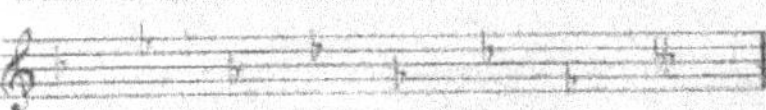

ARTICLE X.

DE LA FIGURE ET DE L'EFFET DU DIÈSE, DU BÉMOL ET DU BÉCARRE.

Le dièse se marque ainsi: ♯.
Le bémol se marque ainsi: ♭.
Le bécarre se marque ainsi: ♮.

D. Dans quel mode sont les notes naturelles?
R. Dans le ton d'*UT* naturel.
D. Que fait le dièze devant une note naturelle?
R. Il hausse la note d'un demi-ton mineur.
D. Que fait le bémol devant une note naturelle?
R. Il baisse la note d'un demi-ton mineur.
D. Comment faut-il que la note soit pour pouvoir mettre un dièse ou un bémol devant?
R Il faut que la note soit naturelle.

D. Que fait le bécarre devant une note?
R. Il remet la note dans son ton naturel.
D Comment faut-il que la note soit pour pouvoir mettre un bécarre devant?
R Il faut que la note soit diésée ou bémolisée.

Note naturelle.	La même note haussée d'un demi-ton par le moyen du dièse.	La note diésée baissée d'un demi ton par le moyen du bécarre.
Note naturelle.	La même note diésée.	La même note remise dans son ton naturel.
Note naturelle.	La même note baissée d'un demi-ton par le moyen du bémol.	La note bémolisée haussée d'un demi ton par le moyen du bécarre.
Note naturelle.	La même note bémolisée.	La même note remise dans son ton naturel.

ARTICLE XI.

DE LA DISTINCTION DU MODE MAJEUR ET DU MODE MINEUR

D. Combien y a-t-il de modes? (2)
R. Deux, le mode majeur et le mode mineur.
D. Quel est le modèle des tons majeurs?
R. C'est le ton d'*UT* naturel.
D. Quel est le modèle des tons mineurs?
R. C'est le ton de *LA* naturel.
D. Qu'entendez-vous par ton naturel?
R. C'est lorsqu'il n'y a ni dièses ni bémols à la clef.
D. Où connait-on lorsqu'un mode est majeur
R. Quand il y a deux tons du premier au troisième degré.
D. Où connait-on lorqu'un mode est mineur?
R. Quand il n'y a qu'un ton et un demi-ton du premier au troisième degré.

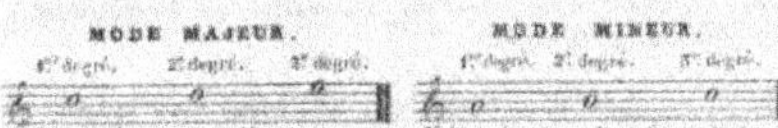

ARTICLE XII.

DU NOMBRE DE DIÈSES QU'IL FAUT À CHAQUE TON, AVEC SON TON RELATIF. (3)

D. Dans quel ton est un morceau lorsqu'il n'y a ni dièses ni bémols à la clef?
R. En *UT* majeur ou en *LA* mineur. Voyez Ex. 1.
D. Dans quel ton est-on avec un dièse à la clef?
R. En *SOL* majeur ou en *MI* mineur. Ex. 2.
D. Et avec deux dièses?
R. En *RÉ* majeur ou en *SI* mineur. Ex. 3.
D. Et avec trois dièses?
R. En *LA* majeur ou en *FA* ♯ mineur. Ex. 4.
D. Et avec quatre dièses?
R. En *MI* majeur ou en *UT* ♯ mineur. Ex. 5.
D. Et avec cinq dièses?
R. En *SI* majeur ou en *SOL* ♯ mineur. Ex. 6.
D. Et avec six dièses?
R. En *FA* ♯ majeur ou en *RÉ* ♯ mineur. Ex. 7.
D. Et avec sept dièses?
R. En *UT* ♯ majeur ou en *LA* ♯ mineur. Ex. 8.

EXEMPLES.

(NOTA) Ces deux derniers tons sont rarement usités.

(1) Le huitième bémol est double et se nomme double bémol.
(2) [illegible] signifie l'union des trois sons principaux qui forment entre eux l'accord le plus parfait et qui font la base et la constitution de toute musique.
Les trois sons principaux qui constituent le mode sont: la TONIQUE ou premier degré, la TIERCE ou troisième degré, et la dominante ou cinquième degré.
Le mode a deux genres, ou plutôt il y a deux genres de modes, le majeur et le mineur.
C'est toujours la tierce majeure qui caractérise le mode majeur, et la tierce mineure qui caractérise le mode mineur.
(3) Un ton est relatif d'un autre ton lorsqu'il est désigné à la clef par la même quantité de dièses ou de bémols. Ainsi le ton de *MI* mineur est relatif de *SOL* majeur. [illegible]

1844

ARTICLE XIII.

DU NOMBRE DE BÉMOLS QU'IL FAUT À CHAQUE TON AVEC SON TON RELATIF.

D. Dans quel ton est un morceau avec un bémol à la clef?
R. En *FA* majeur ou en *RE* mineur. Voyez Ex. 1.
D. Et avec deux bémols?
R. En *SI* ♭ majeur ou en *SOL* mineur. Ex. 2.
D. Et avec trois bémols?
R. En *MI* ♭ majeur ou en *UT* mineur. Ex. 3.
D. Et avec quatre bémols?
R. En *LA* ♭ majeur ou en *FA* mineur. Ex. 4.
D. Et avec cinq bémols?
R. En *RE* ♭ majeur ou en *SI* ♭ mineur. Ex. 5.
D. Et avec six bémols?
R. En *SOL* ♭ majeur ou en *MI* ♭ mineur. Ex. 6.
D. Et avec sept bémols?
R. En *UT* ♭ majeur ou en *LA* ♭ mineur. Ex. 7.

EXEMPLES.

ARTICLE XIV.

MOYEN DE CONNAÎTRE LA TONIQUE DANS LES MODES MAJEURS ET MINEURS AVEC DES DIÈSES.

D. Dans les modes majeurs avec des dièses où se pose la tonique?

R. Un degré d'un demi-ton diatonique au-dessus du dernier dièse posé à la clef.

D. Dans les modes mineurs avec des dièses où se pose la tonique?

R. Un degré d'un ton au dessous du dernier dièse posé à la clef.

TABLEAU DE TOUS LES MODES MAJEURS ET MINEURS AVEC DES DIÈSES.

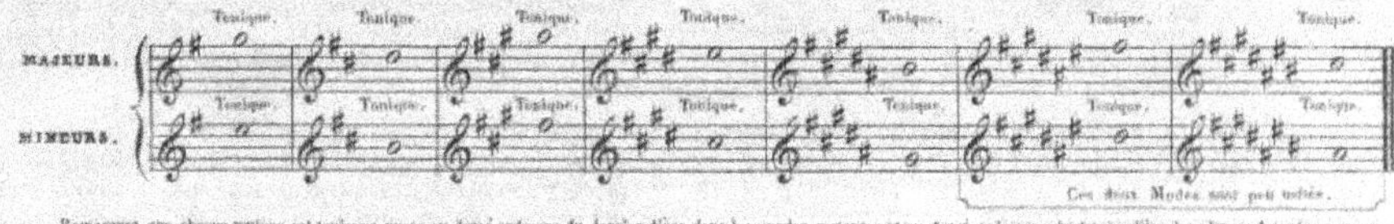

Remarquez que chaque tonique est toujours posée un degré audessus du dernier dièse dans les modes majeurs, et un degré audessous du dernier dièse dans les modes mineurs avec dièses.

ARTICLE XV.

MOYEN DE CONNAÎTRE LA TONIQUE DANS LES MODES MAJEURS ET MINEURS AVEC DES BÉMOLS.

D. Dans les modes majeurs avec des bémols où se pose la tonique?

R. Quatre degrés au-dessous du dernier bémol posé à la clefs.

D. Dans les modes mineurs avec des bémols où se pose la tonique?

R. Six degrés au-dessous du dernier bémol posé à la clef.

TABLEAU DE TOUS LES MODES MAJEURS ET MINEURS AVEC DES BÉMOLS.

Remarquez que chaque tonique est toujours posée quatre degré au dessous du dernier bémol dans les modes majeurs, et six degrés au dessous du dernier bémol dans les modes mineurs avec bémols.

qu'ils sont tous deux désignés à la clef par le même signe; il en est de même des autres tons. (Voyez les exemples ci-contre et ci-dessous.)

ARTICLE XVI.

POUR SE FAMILIARISER AVEC LES DEGRÉS DE TOUTES LES GAMMES

D. Combien y a-t-il de notes dans la gamme? **R.** Huit.
D. Combien les huit notes font-elles de degrés? ______ **R.** Huit.
D. Quel est le premier degré d'un mode quelconque? ______ **R.** C'est la tonique.

GAMME DU TON D'*UT*.

SERVANT DE REGLE POUR TOUS LES TONS.

DEMANDES.	*RÉPONSES.*
Dans le ton d'*UT* quel est le premier degré?	C'est l'*UT* ou *TONIQUE*.

D. Quel est le second degré? **R.** C'est le *RÉ*.
—— le troisième? —— le *MI*.
—— le quatrième? —— le *FA*.
—— le cinquième? —— le *SOL*.
—— le sixième? —— le *LA*.
—— le septième? —— le *SI*.
—— le huitième? —— l'*UT*.

D. Est-il nécessaire de nommer l'octave huitième degré?

R. Il est indifférent de nommer l'octave huitième ou premier degré, vu que l'octave n'est que la répetition du premier degré que l'on nomme tonique.

GAMME DU TON D'UT.

GAMME DU TON DE SOL.

Le même ordre subsiste dans toutes les gammes, comme ci-dessus.

ARTICLE XVII.

DES DEUX GENRES DE DEMI-TONS ET DE LA MANIÈRE DE LES DISTINGUER.

D. Combien y a-t-il de sortes de demi-tons?

R. Deux, le demi-ton majeur et le demi-ton mineur. (1)

D. Comment connait-on le demi-ton diatonique?

R. C'est lorsque deux notes sont placées l'une sur la ligne et l'autre dans l'intervalle le plus prochain.

D. Comment connait-on le demi-ton mineur?

R. C'est lorsque deux notes sont sur la même ligne ou sur le même intervalle par le moyen du dièse ou du bémol.

EXEMPLES DE DEMI-TONS MAJEURS.

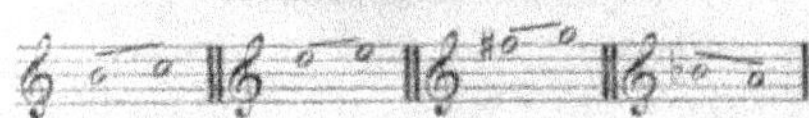

EXEMPLES DE DEMI-TONS MINEURS.

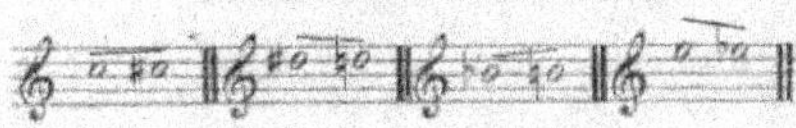

ARTICLE XVIII.

INTERVALLES DES NOTES DANS L'ORDRE NATUREL.

DEMANDES.	*RÉPONSES.*
Comment nomme-t-on deux notes sur le même degré, je suppose *UT* et *UT*?	Unisson.
Comment nomme-t-on la distance d'*UT* à *RÉ*?	Seconde.
—— d'*UT* à *MI*?	Tierce.
—— d'*UT* à *FA*?	Quarte.

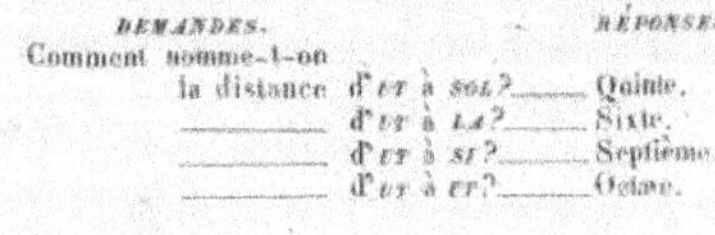

DEMANDES.	*RÉPONSES.*
Comment nomme-t-on la distance d'*UT* à *SOL*?	Quinte.
—— d'*UT* à *LA*?	Sixte.
—— d'*UT* à *SI*?	Septième.
—— d'*UT* à *UT*?	Octave.

(1) Le demi-ton majeur se fait par l'emploi de deux notes soit en montant soit en descendant par degrés conjoints, comme de *SI* à *UT*, de *RÉ* à *MI* bémol, *FA* dièse à *SOL* naturel ou de *SI* ♭ à *LA* ♮. (Voyez les exemples de demi-tons majeurs ci-dessus) Le demi-ton mineur s'opère en faisant passer la même note successivement du naturel au dièse, du dièse au naturel, du bémol au naturel, ou du naturel au bémol. (Voyez les exemples de demi-tons mineurs ci-dessus.)

Si je nomme demi-ton majeur l'intervalle de *SI* à *UT*, de *RÉ* à *MI* ♭, de *FA* ♯ à *SOL* naturel, etc. et demi-ton mineur l'intervalle d'*UT* à *UT* ♯, de *RÉ* ♯ à *RÉ* naturel, de *SI* ♭ à *SI* naturel, etc. ce n'est que pour me conformer au principe établi et reçu depuis longtemps, et afin d'être entendu de tout le monde, je sais que l'on pourrait envisager ces deux intervalles d'une manière toute opposée; mais pour en donner la preuve il faudrait entrer dans un détail étranger à cet ouvrage.

ARTICLE XIX.

RENVERSEMENT DES INTERVALLES DANS L'ORDRE NATUREL.

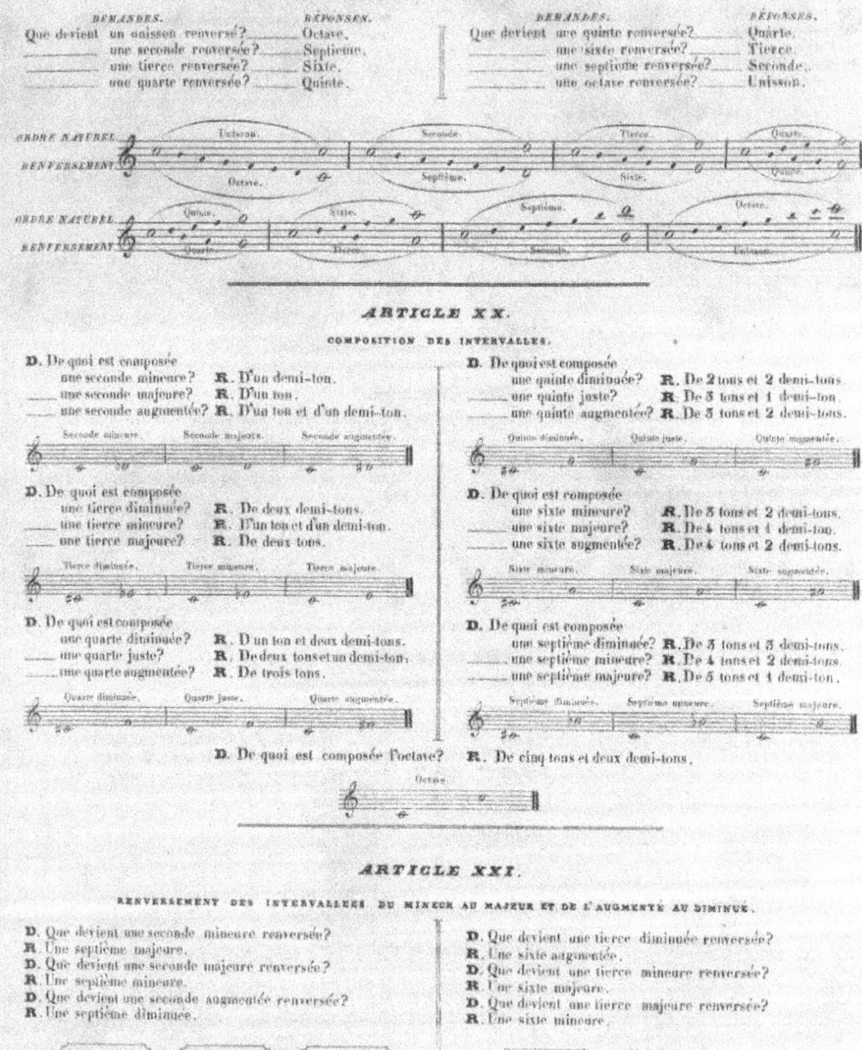

DEMANDES.	RÉPONSES.	DEMANDES.	RÉPONSES.
Que devient un unisson renversé?	Octave.	Que devient une quinte renversée?	Quarte.
——— une seconde renversée?	Septième.	——— une sixte renversée?	Tierce.
——— une tierce renversée?	Sixte.	——— une septième renversée?	Seconde.
——— une quarte renversée?	Quinte.	——— une octave renversée?	Unisson.

ARTICLE XX.

COMPOSITION DES INTERVALLES.

D. De quoi est composée une seconde mineure? **R.** D'un demi-ton.
——— une seconde majeure? **R.** D'un ton.
——— une seconde augmentée? **R.** D'un ton et d'un demi-ton.

D. De quoi est composée une tierce diminuée? **R.** De deux demi-tons.
——— une tierce mineure? **R.** D'un ton et d'un demi-ton.
——— une tierce majeure? **R.** De deux tons.

D. De quoi est composée une quarte diminuée? **R.** D'un ton et deux demi-tons.
——— une quarte juste? **R.** De deux tons et un demi-ton.
——— une quarte augmentée? **R.** De trois tons.

D. De quoi est composée une quinte diminuée? **R.** De 2 tons et 2 demi-tons.
——— une quinte juste? **R.** De 3 tons et 1 demi-ton.
——— une quinte augmentée? **R.** De 3 tons et 2 demi-tons.

D. De quoi est composée une sixte mineure? **R.** De 3 tons et 2 demi-tons.
——— une sixte majeure? **R.** De 4 tons et 1 demi-ton.
——— une sixte augmentée? **R.** De 4 tons et 2 demi-tons.

D. De quoi est composée une septième diminuée? **R.** De 3 tons et 3 demi-tons.
——— une septième mineure? **R.** De 4 tons et 2 demi-tons.
——— une septième majeure? **R.** De 5 tons et 1 demi-ton.

D. De quoi est composée l'octave? **R.** De cinq tons et deux demi-tons.

ARTICLE XXI.

RENVERSEMENT DES INTERVALLES DU MINEUR AU MAJEUR ET DE L'AUGMENTÉ AU DIMINUÉ.

D. Que devient une seconde mineure renversée?
R. Une septième majeure.
D. Que devient une seconde majeure renversée?
R. Une septième mineure.
D. Que devient une seconde augmentée renversée?
R. Une septième diminuée.

Seconde mineure. / Septième majeure. — Seconde majeure. / Septième mineure. — Seconde augmentée. / Septième diminuée.

D. Que devient une tierce diminuée renversée?
R. Une sixte augmentée.
D. Que devient une tierce mineure renversée?
R. Une sixte majeure.
D. Que devient une tierce majeure renversée?
R. Une sixte mineure.

Tierce diminuée. / Sixte augmentée. — Tierce mineure. / Sixte majeure. — Tierce majeure. / Sixte mineure.

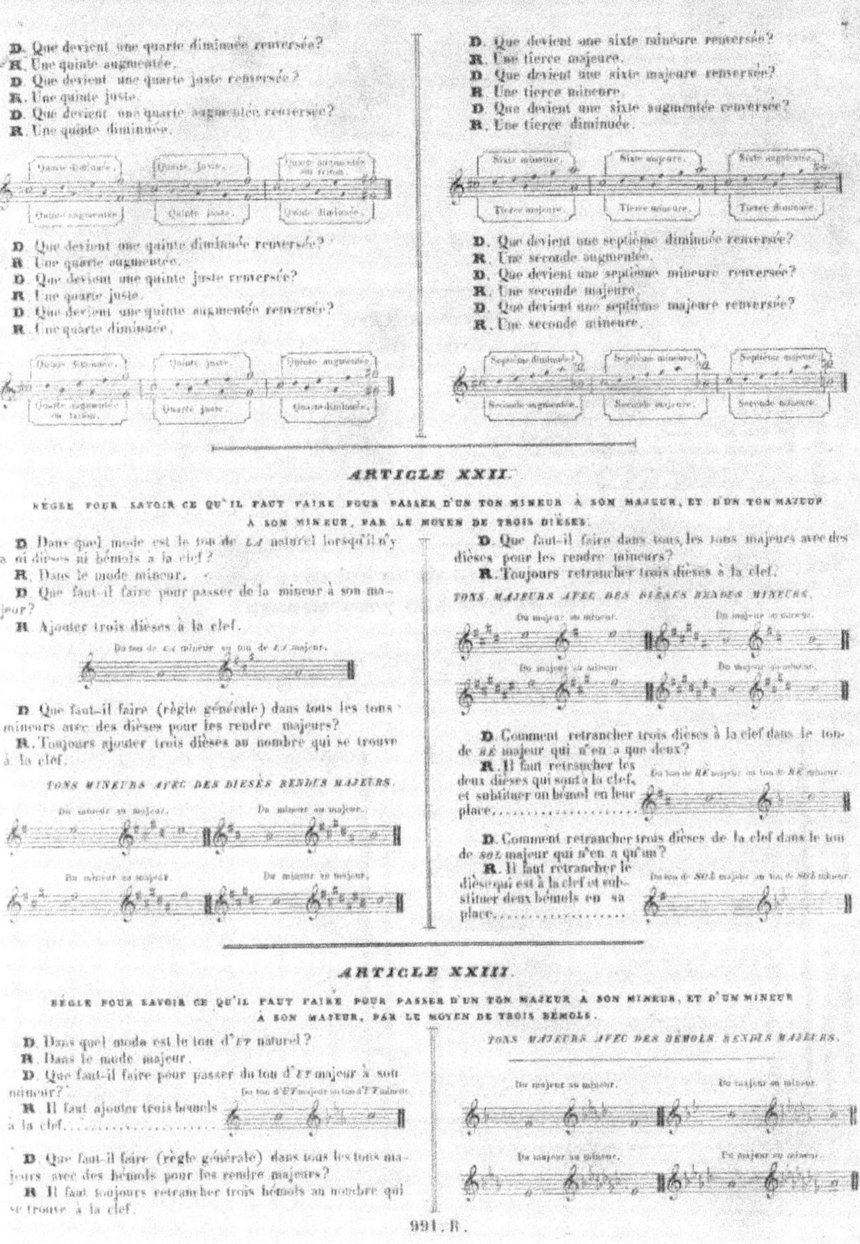

D. Que devient une quarte diminuée renversée?
R. Une quinte augmentée.
D. Que devient une quarte juste renversée?
R. Une quinte juste.
D. Que devient une quarte augmentée renversée?
R. Une quinte diminuée.

D. Que devient une quinte diminuée renversée?
R. Une quarte augmentée.
D. Que devient une quinte juste renversée?
R. Une quarte juste.
D. Que devient une quinte augmentée renversée?
R. Une quarte diminuée.

D. Que devient une sixte mineure renversée?
R. Une tierce majeure.
D. Que devient une sixte majeure renversée?
R. Une tierce mineure.
D. Que devient une sixte augmentée renversée?
R. Une tierce diminuée.

D. Que devient une septième diminuée renversée?
R. Une seconde augmentée.
D. Que devient une septième mineure renversée?
R. Une seconde majeure.
D. Que devient une septième majeure renversée?
R. Une seconde mineure.

ARTICLE XXII.

RÈGLE POUR SAVOIR CE QU'IL FAUT FAIRE POUR PASSER D'UN TON MINEUR À SON MAJEUR, ET D'UN TON MAJEUR À SON MINEUR, PAR LE MOYEN DE TROIS DIÈSES.

D. Dans quel mode est le ton de *LA* naturel lorsqu'il n'y a ni dièses ni bémols à la clef?
R. Dans le mode mineur.
D. Que faut-il faire pour passer de la mineur à son majeur?
R. Ajouter trois dièses à la clef.

D. Que faut-il faire (règle générale) dans tous les tons mineurs avec des dièses pour les rendre majeurs?
R. Toujours ajouter trois dièses au nombre qui se trouve à la clef.

TONS MINEURS AVEC DES DIÈSES RENDUS MAJEURS.

D. Que faut-il faire dans tous les tons majeurs avec des dièses pour les rendre mineurs?
R. Toujours retrancher trois dièses à la clef.

TONS MAJEURS AVEC DES DIÈSES RENDUS MINEURS.

D. Comment retrancher trois dièses à la clef dans le ton de *RÉ* majeur qui n'en a que deux?
R. Il faut retrancher les deux dièses qui sont à la clef, et substituer un bémol en leur place.

D. Comment retrancher trois dièses de la clef dans le ton de *SOL* majeur qui n'en a qu'un?
R. Il faut retrancher le dièse qui est à la clef et substituer deux bémols en sa place.

ARTICLE XXIII.

RÈGLE POUR SAVOIR CE QU'IL FAUT FAIRE POUR PASSER D'UN TON MAJEUR À SON MINEUR, ET D'UN MINEUR À SON MAJEUR, PAR LE MOYEN DE TROIS BÉMOLS.

D. Dans quel mode est le ton d'*UT* naturel?
R. Dans le mode majeur.
D. Que faut-il faire pour passer du ton d'*UT* majeur à son mineur?
R. Il faut ajouter trois bémols à la clef.

D. Que faut-il faire (règle générale) dans tous les tons majeurs avec des bémols pour les rendre majeurs?
R. Il faut toujours retrancher trois bémols au nombre qui se trouve à la clef.

TONS MAJEURS AVEC DES BÉMOLS RENDUS MAJEURS.

D. Que faut-il faire dans tous les tons mineurs avec des bémols pour les rendre majeurs?

R. Il faut toujours retrancher trois bémols au nombre qui se trouve à la clef.

TONS MINEURS AVEC DES BÉMOLS RENDUS MAJEURS.

D. Comment retrancher de la clef trois bémols dans le ton de *SOL* mineur qui n'en a que deux?

R. Il faut retrancher les deux bémols qui sont à la clef et substituer un dièse en leur place.........................

Du ton de *SOL* mineur au ton de *SOL* maj.

D. Comment retrancher de la clef trois bémols dans le ton de *RÉ* mineur qui n'en a qu'un?

R. Il faut retrancher le bémol qui est à la clef et substituer deux dièses en sa place.........................

Du ton de *RÉ* mineur au ton de *RÉ* maj.

ARTICLE XXIV.

DES CARACTÈRES ACCIDENTELS (1)

D. Combien y a-t-il de caractères qui puissent être accidentels?

R. Trois: le dièse, le double-dièse et le bécarre.

D. Qu'entendez-vous par caractères accidentels?

R. Ce sont des caractères qui ne sont pas à la clef.

D. Dans quels modes ces caractères sont-ils accidentels?

R. Dans tous les modes mineurs.

D. A quoi sert le dièse accidentel?

R. A hausser le septième degré d'un demi-ton.

D. A quoi sert le double-dièse accidentel?

R. A hausser d'un demi-ton le septième degré qui est déjà diésé à la clef.

D. A quoi sert le bécarre accidentel?

R. A hausser d'un demi-ton le septième degré qui est bémolisé à la clef.

D. Pourquoi hausse-t-on toujours le septième degré dans les modes mineurs?

R. Pour le rendre note sensible.

EXEMPLE DU DIÈSE, DU DOUBLE-DIÈSE ET DU BÉCARRE ACCIDENTELS PLACÉS EN TÊTE DE TOUS LES TONS MINEURS.

MODÈLE DES TONS MINEURS.

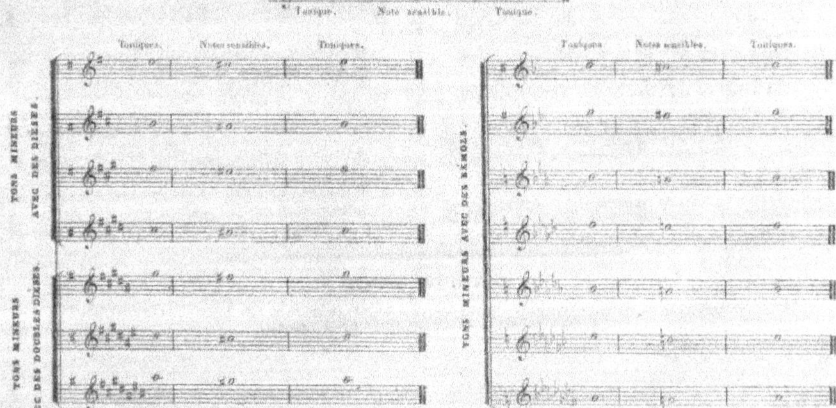

(1) Dans tous les tons mineurs avec des dièses le dièse accidentel n'a lieu que lorsqu'il y a depuis un jusqu'à quatre dièses à la clef; sitôt qu'il y en a cinq, il faut avoir recours au double-dièse pour hausser le septième degré qui se trouve déjà diésé à la clef. Dans les tons mineurs avec des bémols, il n'y a que deux tons dont la note sensible puisse être caractérisée au moyen du dièse accidentel. Sitôt qu'il y a trois bémols à la clef, il faut avoir recours au bécarre pour hausser le septième degré qui est bémolisé à la clef. (Voyez les exemples ci-dessus.)

ARTICLE XXV.

DES AGREMENTS DU CHANT

Le *PORT DE VOIX*, que l'on nomme aussi note de goût, d'agrément ou petite note, est désigné par une note plus petite que les autres. La petite note ne se nomme point en solfiant; on la fait seulement sentir en nommant la note avec laquelle elle est liée. On verra dans les exemples suivants l'emploi de la petite note sur tous les intervalles praticables.

NOTES DÉTACHÉES.

Les notes détachées sec sont quelquefois désignées par des petits points ou des petites barres que l'on met au-dessus.

NOTES COULÉES, LIÉES ET SYNCOPÉES.

Les notes coulées, ou liées, ou syncopées sont désignées par ce signe ⌒.

REPRISES.

Les quatre signes marqués ci-après servent à séparer les reprises d'un morceau de musique. Le premier signe, qui n'a pas de points, marque qu'il faut aller de suite, le second, qui a des points à gauche, marque qu'il faut dire deux fois la première reprise; le troisième, qui a des points à droite, marque qu'il faut dire deux fois la seconde reprise; enfin le quatrième, qui a des points des deux côtés, marque qu'il faut dire deux fois chaque reprise.

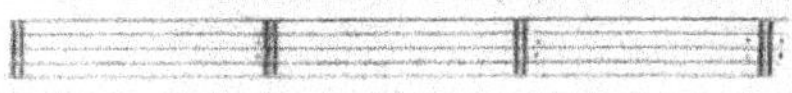

RENVOI.

Le *RENVOI* (𝄋) sert à ramener de la fin d'un morceau de musique au commencement. On met toujours deux renvois; le second ramène au premier.

POINT D'ORGUE.

Le *POINT D'ORGUE*, que l'on nomme aussi *FERMAT*, ou *POINT D'ARRET*, est un repos que l'on fait plus ou moins long. Pendant ce repos la partie récitante (s'il y en a une), a quelquefois le loisir de faire différents passages à sa volonté. Dans d'autres cas, le point d'orgue est un repos général.

GUIDON.

Le *GUIDON* est un signe qui se met ordinairement à la fin de chaque portée, et qui sert à indiquer la première note de la portée qui suit.

SIGNES D'INTENSITÉ.

Le signe marqué ainsi 𝆒 sert à indiquer qu'il faut augmenter les sons.

Le signe marqué ainsi 𝆓 sert à indiquer qu'il faut diminuer les sons.

Et le signe marqué ainsi 𝆒𝆓 sert à indiquer qu'il faut augmenter le son jusqu'au milieu, et ensuite le diminuer.

CADENCES.

La CADENCE se fait par le moyen de deux notes que l'on fait entendre successivement; le battement de ces deux notes prend ordinairement son appui sur la penultieme note d'une phrase musicale.

Il y a deux sortes de cadences: l'une est la cadence pleine; elle consiste à ne commencer le battement de voix qu'après en avoir appuyé la note supérieure; l'autre s'appelle cadence brisée, et l'on y fait le battement de voix sans aucune préparation.

OBSERVATION. — Lorsque j'ai fait les leçons sur les clefs d'UT et sur la clef de FA, mon dessein n'a pas été de fatiguer inutilement les écoliers par une nouvelle étude; mais seulement de leur faciliter les moyens de les apprendre sans beaucoup de difficultés, et en peu de temps; c'est pourquoi j'ai choisi de préférence le genre des petits airs comme moins ennuyeux, et très utile pour ce genre d'étude.

LISTE DES TERMES ITALIENS EMPLOYÉS DANS LA MUSIQUE.

TERMES ITALIENS.	SIGNIFICATIONS.
GRAVE	Grave, le plus lent de tous les mouvements.
LARGO.	Large, sévère.
LENTO.	Lent.
LARGHETTO.	Largement, moins lent que largo.
ADAGIO.	Lentement, posément.
SOSTENUTO.	Soutenir le son.
MAESTOSO.	Majestueux.
AFFETTUOSO.	Affectueux.
CANTABILE.	Chanter avec goût et sans se presser.
TEMPO DI MENUETTO.	Temps de menuet.
TEMPO DI MARCIA.	Temps de marche.
ANDANTE.	Allez moderément gracieux.
ANDANTINO.	Un peu moins lent que l'ANDANTE.
TEMPO GIUSTO.	Temps juste ni trop lent ni trop vite.
GRAZIOSO.	Gracieux.
ALLEGRETTO ou ALL^{tto}	Moins vite qu'allegro.
ALLEGRO ou ALL^{o}	Gai, vif.
PRESTO.	Vif animé rapide.
PRESTISSIMO.	Très vif impétueux.
DOLOROSO.	Douloureux.
CON ESPRESSIONE.	Avec expression.
MODERATO.	Modéré.
COMODO.	Commode.
NON TROPPO.	Pas trop.
QUASI.	Presque.
CON BRIO.	Brillant.
BRIOSO.	Vif agile.
AGITATO.	Agité.
SCHERZANDO.	Gai léger en badinant.
MOSSO.	Animé.
CON MOTO.	Avec mouvement.
MOLTO.	Beaucoup.
ASSAI.	Assez.
PIANO or *p*.	Faible, doux.
PIANISSIMO or *pp*.	Très faible, très doux.
ANIMATO.	Animez.
POCO A POCO.	Peu à peu.

TERMES ITALIENS.	ABRÉVIATIONS.	SIGNIFICATIONS.
DOLCE	or DOL.	Doux.
FORTE	*f*	Fort.
FORTISSIMO	*ff*	Très fort.
MEZZO FORTE	*mf*	Demi-fort.
SFORZATO	*sfz*	Forcé subitement.
RINFORZANDO	RINF.	En renforçant.
CRESCENDO	CRES.	En augmentant de force.
DECRESCENDO	DECRES.	En diminuant de force.
DIMINUENDO	DIM.	En diminuant.
SMORZANDO	SMORZ.	En mourant, éteindre.
MORENDO	MOREN.	En mourant.
LEGATO	LEG.	Lié.
STACCATO	STAC.	Détaché.
PORTAMENTO	PORTAM.	Porté.
RITARDANDO	RITARD.	En Retardant.
RALLENTANDO	RALL.	En Ralentissant.
RITENUTO	RIT.	Retenu.
ACCELERANDO	ACCEL.	En accélérant.
STRINGENDO	STRING.	En serrant.
A TEMPO or TEMPO I^{o}		Premier mouvement.
ESPRESSIVO	ESPRESS.	Expressif.
LEGGIERO	LEGG.	Léger.
CON ANIMA.		Avec âme.
CON SPIRITO.		Avec esprit.
CON GRAZIA.		Avec grâce.
CON GUSTO.		Avec goût.
CON DELICATEZZA.		Avec délicatesse.
CON ALLEGREZZA.		Avec joie, allégresse.
CON FUOCO.		Avec feu.
CON CALORE.		Avec chaleur.
CON FORZA.		Avec force.
CALANDO.		En ralentissant l'exécution.
ANIMATO.		Animé.
BEN MARCATO.		Bien marqué.
AD LIBITUM.		A volonté.
A PIACERE.		A plaisir.
SOLO.		Seul.

PROPOSITION D'UN NOUVEAU SIGNE

QUI SERVE A DISTINGUER SANS DIFFICULTÉ, LE MODE MAJEUR D'AVEC LE MODE MINEUR.

Tous les musiciens savent que, lorsqu'il n'y a ni dièses ni bémols à la clef, l'on est en *UT* majeur ou en *LA* mineur; mais lequel des deux? c'est une difficulté à resoudre. Si un morceau de musique est en *UT* majeur, il peut commencer par *UT*, ou *MI*, ou *SOL*; si le morceau est en *LA* mineur, il peut commencer par *LA*, ou *UT* ou *MI*. Mais si le morceau commence par *UT* et *MI*, ces deux notes appartiennent indistinctement au ton d'*UT* et au ton de *LA*; il faut donc avoir recours à l'enchainement des premières phrases pour résoudre la question. Beaucoup d'écoliers regardent la dernière note du morceau pour en connaître le ton; ce moyen serait bon si toutes les parties finissaient par la tonique, mais le second violon finit souvent par la tierce; l'alto finit tantôt par la tierce, tantôt par la quinte; le premier violon même finit quelquefois par la tonique, la tierce et la quinte en même temps. Il faudrait donc, pour qu'il ne restat aucun doute sur le ton, avoir un signe général et certain qui le désignât d'une maniere sensible et claire. Celui que je propose est de mettre en tête de chaque morceau de musique (avant de poser la première clef) le caractère accidentel qui sert à distinguer la note sensible dans les tons mineurs seulement.

Dans les tons majeurs par dièses, la note sensible est tojours le dernier dièse posé après la clef; et dans les tons majeurs par bémols, la note sensible est toujours une note naturelle, (1) au lieu que dans les tons mineurs par dièses, la note sensible ne se fait voir ou entendre qu'au moyen d'un dièse ou d'un double-dièse étranger que l'on emprunte, vu qu'il n'est pas posé après la clef. De même, des les tons mineurs par bémols, la note sensible ne se fait entendre ou voir qu'au moyen d'un dièse ou d'un bécarre que l'on emprunte, vu qu'il n'est pas posé à la clef. C'est ce signe que je propose de mettre devant la clef, à la tête de tous les tons mineurs. (Voyez l'exemple général que j'en donne page 8.) Il résulte de ma proposition que, mettant toujours en tête d'un morceau de musique le caractère ou signe accidentel qui détermine la note sensible, soit devant la clef pour les tons mineurs, ou après la clef pour les tons majeurs, il résulte, dis-je, qu'un écolier, même le moins avancé, saura connaitre du premier coup d'œil ce qu'il ne peut apprendre et concevoir que par une longue habitude.

(1) Excepté le cas où l'on voudrait mettre sept bémols à la clef, chose inusitée.

ÉTENDUE DU CLAVIER.

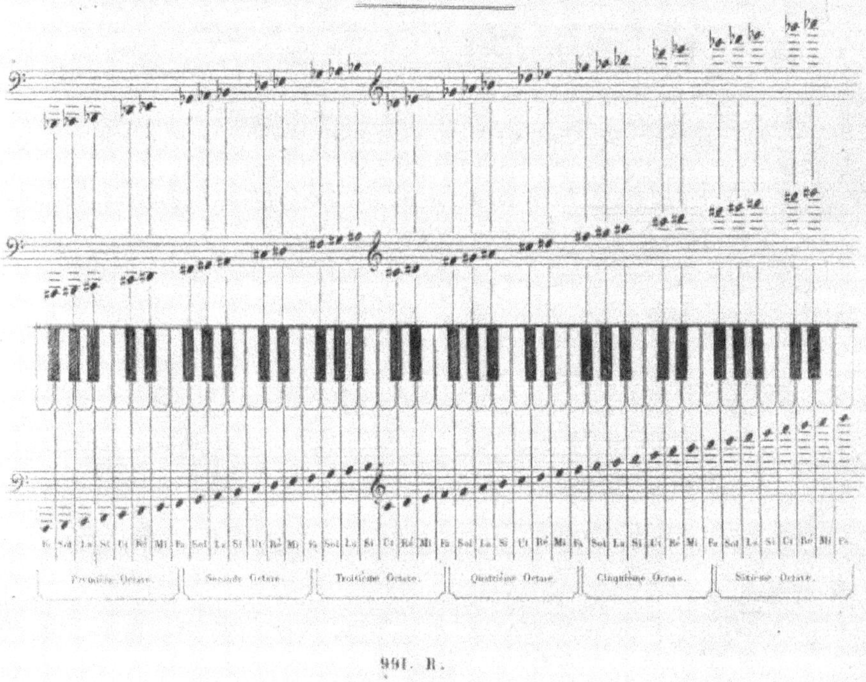

Fa Sol La Si Ut Ré Mi Fa Sol La Si Ut Ré Mi Fa Sol La Si Ut Ré Mi Fa Sol La Si Ut Ré Mi Fa Sol La Si Ut Ré Mi Fa Sol La Si Ut Ré Mi Fa

Première Octave. | Seconde Octave. | Troisième Octave. | Quatrième Octave. | Cinquième Octave. | Sixième Octave.

SOLFÈGE DE RODOLPHE.

IIe PARTIE - LEÇONS.

Gamme par intervalle de Tierce.
N.° 11.
Résumé de la précédente Leçon.
N.° 12.
Gamme par intervalle de Quarte.
N.° 13.
Résumé de la précédente.
N.° 14.
Gamme par intervalle de Quinte.
N.° 15.
Résumé de la précédente.
N.° 16.

Gamme par intervalles de Sixte.
N.º 17.
Résumé de la précédente.
N.º 18.
Gamme par intervalles de Septième.
N.º 19.
Résumé de la précédente.
N.º 20.
Gamme par intervalles d'Octaves.
N.º 21.
Résumé de la précédente.
N.º 22.
Leçon renfermant tous les intervalles.
N.º 23.
Résumé de la précédente.
N.º 24.

Leçon pour se familiariser avec l'intervalle de Fausse-Quinte.
N°25.
Leçon pour se familiariser avec l'intervalle du Triton.
N°26.
Etendue de la voix naturelle.
N°27.
Leçon par Tierces de ligne en ligne.
N°28.
Leçon par Tierces d'espace en espace.
N°29.
Leçon par Tierces Octave et Dixièmes.
N°30.
Leçon par Tierces et Dixièmes ou Octaves de la Tierce.
N°31.
Première leçon avec la Basse. Des Rondes et des Pauses.
N°32.
Leçon avec des Blanches.
N°33.
Leçon avec des Noires.
N°34.

Leçon avec des croches.
Nº 35.
Rondes et Blanches.
Nº 36.
Rondes et Noires.
Nº 37.
Rondes et Croches.
Nº 38.

Rondes, Blanches et Noires.
No. 39.
Rondes, Blanches, Noires et Croches.
No. 40.
Leçon avec une Blanche et quatre Croches.
No. 41.
1re fois.
2e fois.
1re fois.
2e fois.

Leçon avec une longue et deux brèves.
No 42.
Réduction de la précédente leçon en Noires et en croches.
No 43.
Leçon avec deux brèves et une longue.
No 44.
Réduction de la précédente.
No 45.
Leçon pour observer la valeur du point après une Blanche.
Fin.
No 46.
D.C.
Réduction de la précédente.
Fin.
No 47.
D.C.
Leçon avec des Noires pointées, des Croches et des Blanches.
Fin.
No 48.
D.C.

Rédaction de la leçon précédente.
Fin.
No 49.
Leçon pour observer le silence du premier temps de la mesure.
No 50.
La même leçon réduite en Noires, pour observer le Soupir.
No 51.
La même leçon réduite en Croches, pour observer le Demi-Soupir.
No 52.
Leçon avec deux Noires entre deux Soupirs.
No 53.

Réduction de la leçon précédente.
No 54.
Leçon avec des Croches et un Silence au commencement et à la fin de chaque mesure.
No 55.
Leçon avec deux Rondes sur le même dégré, faisant liaison et syncope.
No 56.
Réduction de la leçon 56.
No 57.
Réduction de la leçon 57.
No 58.
Réduction de la leçon 58.
No 59.
Résumé des quatre leçons précédentes.
No 60.

Leçon avec une Blanche faisant Syncope entre deux Noires.

Nº 61.

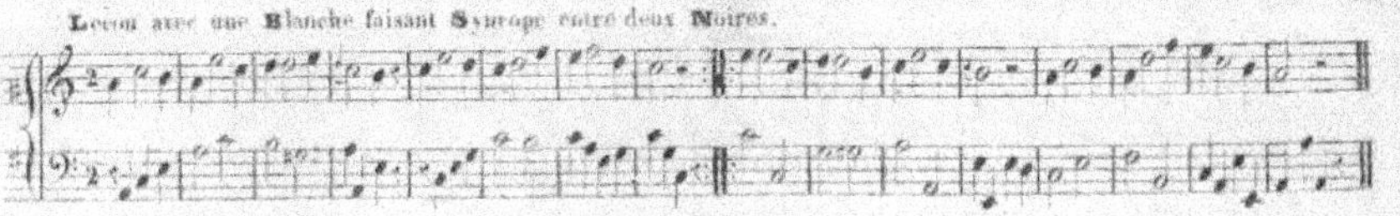

Réduction de la leçon précédente.

Nº 62.

Résumé des leçons précédentes.

Nº 63.

Leçon pour la mesure à trois temps avec une Blanche pointée.

Nº 64.

Fin. D.C.

Leçon avec une longue et une brève.

Nº 65.

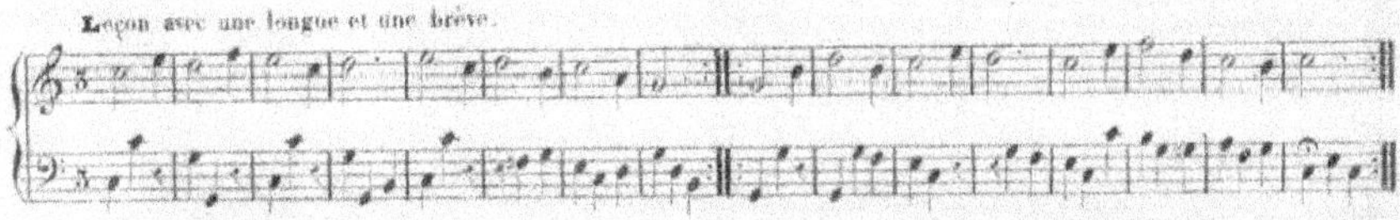

Leçon inverse de la précédente.

Nº 66.

Résumé des deux leçons précédentes.

Nº 67.

N° 58. Douze Variations tirées du même chant, avec le résumé et la même basse servant pour toutes.

Suivez.
Fin.
Suivez.
Fin.
Suivez.
Fin.
Suivez.
Fin.
Suivez.
Fin.
Suivez.
Fin.
Suivez.
Fin.
Suivez.
Fin.
Suivez.
Fin.
Suivez.
Fin.
Suivez.
Fin.
Suivez.
Fin.
Suivez.
Fin.
Suivez.
Fin.
Suivez.
Fin.

Quoiqu'il y ait une différence sensible entre l'intervalle d'**ut** naturel à **ut** dièse et l'intervalle d'**ut** naturel à **ré** bémol, néanmoins l'on est convenu pour la facilité de l'intonation, d'identifier, si j'ose le dire, ces deux intervalles; en un mot, n'en faire qu'un. **De** sorte qu'après avoir fait entendre **ut** naturel, on peut, en montant d'un demi-ton, dire **ut** dièse ou **ré** bémol indistinctement, c'est ce qu'on appelle synonime ou même chose. **Sur** l'orgue, le clavecin, le piano forte, etc., la même touche fait **ut** dièse et **ré** bémol, ré dièse et **mi** bémol.

Nº
74.
Leçon pour se familiariser avec le premier dièse et le premier bécarre.
Nº
75.
Allegretto.
Nº
76.

Allegretto
Nº 77.
Andante.
Nº 78.
Leçon pour se familiariser avec le sol dièse accidentel.
Nº 79.

Andantino.
Nº 80.
Andantino.
Nº 81.
Andantino.
Nº 82.
Leçon pour se familiariser avec les deux premiers dièses.
Nº 83.

Andante.

Nº 84

Nº 85.

Allegretto.
Nº 86.
La même leçon que ci-dessus mise à six-huit
Nº 87.

Andante.
Nº 88.
Andante.
Nº 89.
Réduction de la leçon précédente au moyen de la mesure à trois huit.
Nº 90.
Andante.
Nº 91.

N° 92.

Grazioso.

N° 93.

Leçon pour se familiariser avec le ré et le la dièses accidentels.
No. 94.
Andante
No. 95.
Allegretto
No. 96.
1e fois.
2e fois.
Leçon pour se familiariser avec les deux premiers bémols.
No. 97.

Andantino.
No. 98.
Allegretto.
No. 99.

Allegro.

Nº 100.

Leçon pour se familiariser avec l'ut et le sol dièses accidentels.

Nº 101.

Nº 102.

N° 103.

Leçon pour se familiariser avec l'ut et le sol dièse.

Moderato.
N° 109.

Andante.
Nº 110.
Andante.
Nº 111.
Marche
Nº 112.

Moderato.
Nº
113.
Andantino.
Nº
114.
Andantino.
Nº
115.

Leçon pour se familiariser avec le la et le mi dièzes accidentels.

Leçon pour se familiariser avec le Mi et le La bémols.
Nº
120.
Moderato.
Nº
121.
1re fois.
2e fois.
1re fois.
2e fois.

Andantino.

Nº 122.

Allegretto moderato.

No. 123.

Allegretto.
Nº
124

Leçon pour se familiariser avec le **fa** et l'**ut** dièses accidentels.

Allegro moderato.

Nº 127.

Leçon pour se familiariser avec le SOL et le RÉ dièses.

Nº 128.

Allegro.
No. 129.
Mineur.
Majeur.
Andantino.
No. 130.

Leçon pour se familiariser avec le mi et le si dièses accidentels.
Nº 131.
Adagio.
Nº 132.

Allegro moderato.
Nº
153.

Allegro moderato

Nº 134.

Nº 135.

Leçon pour se familiariser avec le la et le ré bémols.

Nº. 136.

Allegro moderato.

Nº 157.

Moderato.

Nº 158.

Andantino.
No.
139.

Adagio.
Nº
140.
tr

Allegro.
Nº 141.
Fin.
Leçon pour se familiariser avec le premier bécarre accidentel.
Nº 142.

Allegro moderato.

Nº 143.

Leçon pour se familiariser avec le ré et le la dièse.

Adagio.
N°
146.

Andante.
N°
147.

Moderato.

N° 148.

Leçon pour se familiariser avec le *si* dièse accidentel et le double dièse.

N° 149.

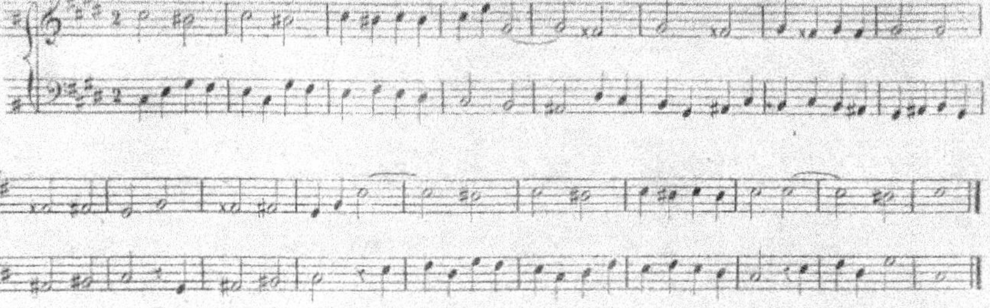

Andante.

N° 150.

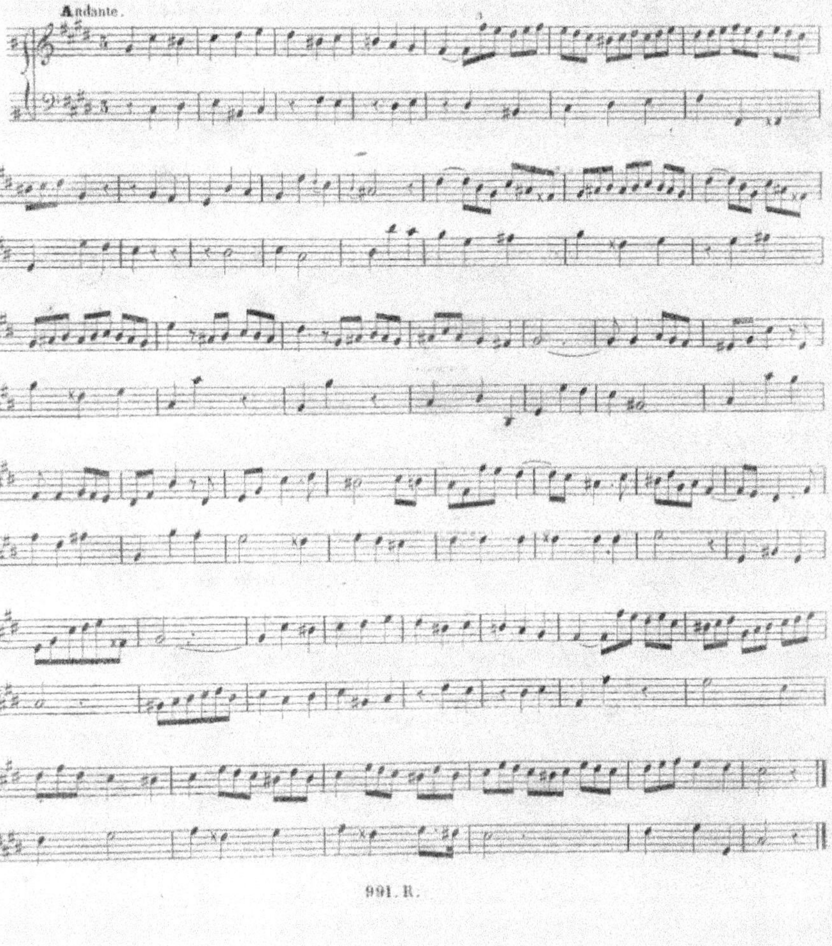

Andantino.

Nº 151.

Allegro moderato.

Nº 152.

Leçon pour se familiariser avec le RÉ et le SOL bémols.
Nº 155.

Moderato.
No
154.
1re fois.
2me fois.
1re fois.
2me fois.
Andante.
No
155.

Andantino
Nº
156.
Allegro moderato
Nº
157.

Leçon pour se familiariser avec le *mi* et le *si* bécarres accidentels.

N° 158.

Allegro moderato.

Nº 159

Andante.
No. 160.
Leçon pour se familiariser avec le LA et le RE dièses.
No. 161.
Affettuoso
No. 162.

Allegretto
No 163.

N°. 164.

Moderato.

N°. 165.

Andante.

Suivez.
Suivez.
Suivez.
Suivez.
Suivez.

Suivez.
Suivez.
Suivez.
Suivez.
Suivez.
Suivez.

Affettuoso

No 166.

Leçon pour se familiariser avec le fa x et l'ut x doubles-dièses

Nº.
167.

Allegretto.
N° 168
1re fois
2me fois

Leçon pour se familiariser avec le SOL et l'UT bémols.
Nº
169.
Adagio.
Nº
170.

Allegro moderato.
Nº 171
Leçon pour se familiariser avec le LA et le MI bécarres accidentels.
Nº 172
Andantino.
Nº 173.
Fin.

Majeur.
Moderato.
No.
174

Leçon pour se familiariser avec le *mi* et le *si* dièses.

Nº 175.

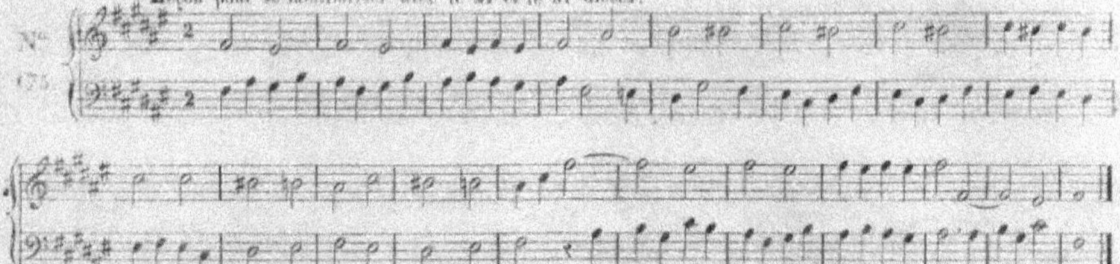

Allegro.

Nº 176.

Leçon pour se familiariser avec l'*ut* et le *sol* doubles-dièses.

Nº 177.

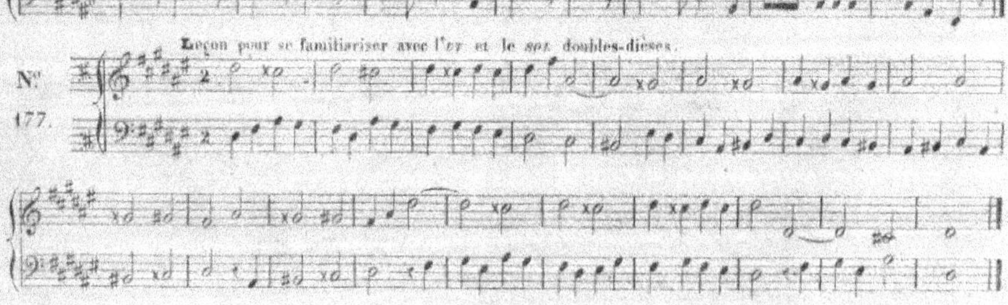

Allegro Moderato
N° 178.
Leçon pour se familiariser avec l'ut et le ré bémols
N° 179.
Andantino
N° 180.

Leçon pour se familiariser avec le ré et le la bécarres accidentels.
No. 181.
Moderato.
No. 182.

Moderato.

N° 183.

Allegro Moderato.
Nº 184.
Moderato.
Nº 185.

Allegro Moderato.
Nº.
186.

Allegro moderato.
Nº
187

Allegro Moderato.
N°. 188.

Echelle diatonique pour apprendre à connaître les notes de la clef d'Ut sur la première ligne.
Nº 189.
Ut Ré Mi Fa Sol La Si Ut Ré Mi Fa Sol La
Echelle disjointe pour distinguer facilement les notes sur les lignes.
Ut Mi Sol Si Ré Fa La
Echelle disjointe pour distinguer facilement les notes sur les espaces.
Ré Fa La Ut Mi Sol
Nº 190.
Fin.
Moderato.
Nº 191.
Andante.
Nº 192.

Mineur.
Nº 193.
Allegretto.
fin.
Nº 194.
Moderato.
Nº 195.

Affettuoso.
No. 196.
Amoroso.
No. 197.
fin.
Majeur.
Allegretto.
No. 198.

fin
No
199
Mineur.
fin
D.C. au majeur la 2e fois.
Allegretto.
No
200.
Fin.

Moderato.
No. 201.
No. 202.
Ut Ré Mi Fa Sol La Si Ut Ré Mi Fa Sol La Si Ut
Ré Fa Sol Ut Mi Sol Si
Ut Mi Sol Si Ré Fa La Ut
Leçon pour apprendre à nommer les notes.
No. 203.

Andante.
Nº 204.
Andantino.
Nº 205.
Andantino.
Nº 206.

Allegro Moderato.

Nº 207.

Larghetto.
Nº 209.
Allegro Moderato.
Nº 210.

Nº 211.
Ut Ré Mi Fa Sol La Si Ut Ré Mi Fa Sol
Ré Fa La Ut Mi Sol
Ut Mi Sol Si Ré Fa
Leçon pour apprendre à nommer les notes
Nº 212.
Allegretto.
Fin.
Nº 213.
Andantino.
Nº 214.

Grazioso.
Nº 215.
Moderato.
Nº 216.

Andante.
Nº 247.
Allegretto.
Nº 248.
Andante.
Nº 249.
fin.

Allegro Moderato.
Nº 220.

N° 220.
Sol La Si Ut Ré Mi Fa Sol La Si Ut Ré Mi Fa Sol
Sol Si Ré Fa La Ut Mi Sol
La Ut Mi Sol Si Ré Fa
Leçon pour apprendre à nommer les notes dans les sons graves.
N° 222.
Leçon pour l'étendue de la voix.
N° 223.
Andante.
N° 224.

Moderato.

Nº 225.

Allegro.

Nº 226.

Fin

Allegretto.

Nº 227.

Moderato.

Nº 228.

Allegro Moderato.
Nº
229.

www.ingramcontent.com/pod-product-compliance
Ingram Content Group UK Ltd.
Pitfield, Milton Keynes, MK11 3LW, UK
UKHW021550260726
13993UKWH00002B/747

9 782329 257976